¡Hola, Spanish!

A Kindergarten Spanish workbook

el pez

el gato

Este libro de español pertenece a:

This Spanish book belongs to:

....

Write your name or draw yourself here.

Escribe tu nombre o dibújate aquí.

amigo/ amiga

feliz

¡Hola, Spanish!

Page 6

El alfabeto/ The Alphabet.

Hh   hoja (leaf)

Page 16

Los colores/ Colors.

amarillo   verde   azul

(yellow)   (green)   (blue)

Page 19

Los números/ Numbers.

5 cinco (five)

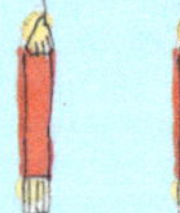    

Page 24

El y la/ 'El' and 'la'

Page 26

En casa/ At Home.

 la cama (bed)

Page 27

En la escuela/ At School.

Page 28

Los animales/ Animals.

la oveja

(sheep)

Page 32

Saludar/ Saying Hello.

How are you?

Page 35

Las emociones/ Feelings.

feliz

(happy)

Page 37

La familia y los amigos/ Family and Friends.

la mamá

(mom)

Page 41

Más práctica/ More Practice.

```
j r f s f k e g d d
u w e y y f d a q j
f e d d k e q t p c
h a p p y l k o e i
s h w c o i m l r n
p v q a s z r n r c
i l u t i p n o o o
k n d u v t e b j p
```

¡Puedes hacer las páginas en el orden que quieras!

You can do the pages in any order!

El alfabeto/ The Alphabet.

¡Aprendamos el alfabeto! /
Let's learn the alphabet!

A B C D E F G H I
J K L M N Ñ O P Q
R S T U V W X Y Z

Cada letra tiene un sonido y muchas palabras que comienzan con ella. /
Each letter has a sound and lots of words that start with it.

Aa
Árbol (Tree)

El abecedario / The Alphabet.

A B C D E F G H I J K L M N Ñ O P Q R S T U V W X Y Z

Aa árbol (tree)

Bb baloncesto (basketball)

Cc caracol (snail)

Dd dibujo (drawing)

Ee estrella (star)

Ff fruta (fruit)

El alfabeto/ The Alphabet.

⭐ Traza las letras./ Trace the letters.

Aa Bb Cc Dd Ee Ff

Aa Bb Cc Dd Ee Ff

Aa Bb Cc Dd Ee Ff

⭐ Pinta los dibujos./ Colour the pictures.

árbol (tree)

fruta (fruit)

El alfabeto/ The Alphabet.

A B C D E F **G H I J K L** M N Ñ O P Q R S T U V W X Y Z

G g
gato
(cat)

⭐ lee en voz alta cada letra y palabra. Read each letter and word out loud.

H h
hoja
(leaf)

I i
isla
(island)

J j
juguete
(toy)

K k
ketchup
(ketchup)

L l
lápiz
(pencil)

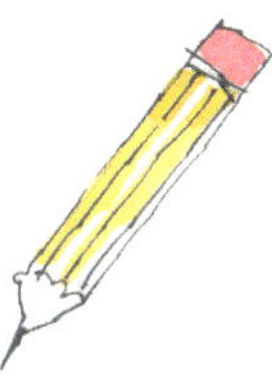

El alfabeto/ The Alphabet.

¿Sabías que los gatos ronronean cuando son felices? /

Did you know cats purr when they're happy?

⭐ Traza las letras. Trace the letters.

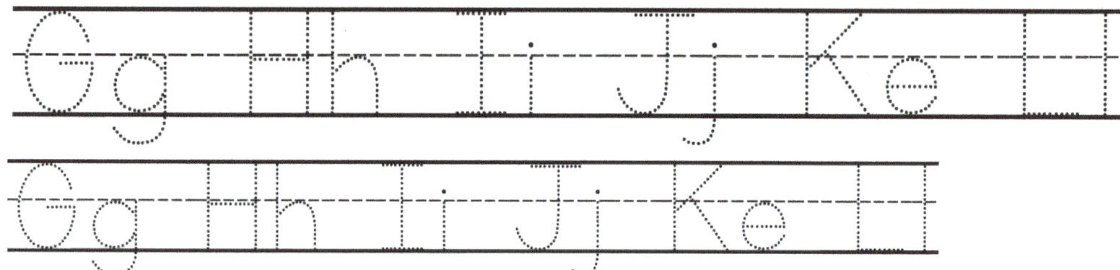

Gg Hh Ii Jj Ke Le

⭐ Empareja las imágenes con las palabras./

Match the pictures with the words.

hoja (leaf)

lápiz (pencil)

juguete (toy)

El alfabeto/ The Alphabet.

A B C D E F G H I J K L **M N Ñ O P Q** R S T U V W X Y Z

Mm   mochila
(backpack)

Nn   naríz
(nose)

Nñ   niño/ niña
(boy/ girl)

Oo   ola
(wave)

Pp   pastel
(cake)

Qq   queso
(cheese)

El alfabeto./ The Alphabet.

Mn Nn Ññ Oo Pp Qq

Mn Nn Ññ Oo Pp Qq

Mm Nn Ññ Oo Pp Qr

Circle everything that starts with M in Spanish!

El alfabeto/ The Alphabet.

A B C D E F G H I J K L M N Ñ O P Q **R S T U V W** X Y Z

Rr
reloj
(clock)

 lee en voz alta cada letra y palabra. Read each letter and word out loud.

Ss
silla
(chair)

Tt
taza
(cup)

Uu
uvas
(grapes)

Vv
ventana
(window)

Ww
windsurf
(windsurf)

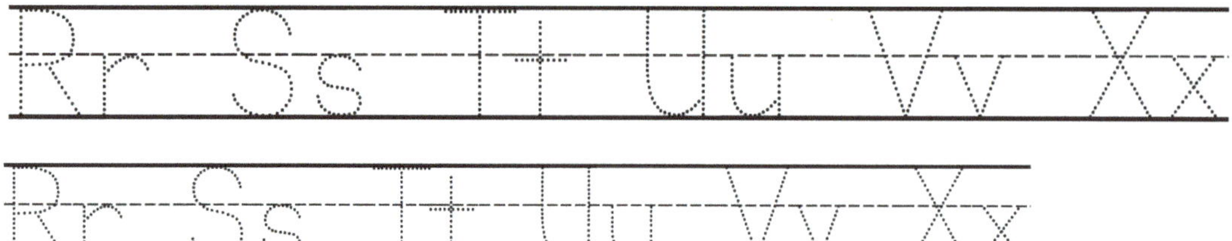

 Traza las letras. Trace the letters.

Rr Ss Tt Uu Vv Xx

Rr Ss Tt Uu Vv Xx

Rr Ss Tt Uu Vv Xx

¡Draw something that starts with S!/

¡Dibuja algo que empiece con S!

I drew a......................... / He dibujado un...........................

El alfabeto/ The Alphabet.

A B C D E F G H I J K L M N Ñ O P Q R S T U V W **X Y Z**

taXi

(taxi)

yoga

(yoga)

zapato

(shoe)

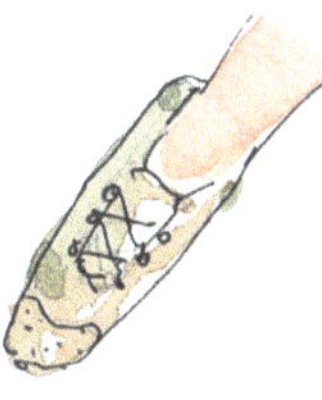

⭐ lee en voz alta cada letra y palabra. Read each letter and word out loud.

 Traza las letras. Trace the letters.

Xx Yy Zz

 **DATO CURIOSO / FUN FACT.**

¡Las cebras pueden correr hasta 65 kilómetros por hora! / Zebras can run up to 65 kilometers per hour!

Los colores/ Colors.

Los colores/ Colors.

verde
(green)

amarillo
(yellow)

azul
(blue)

⭐ Traza las letras. Trace the letters.

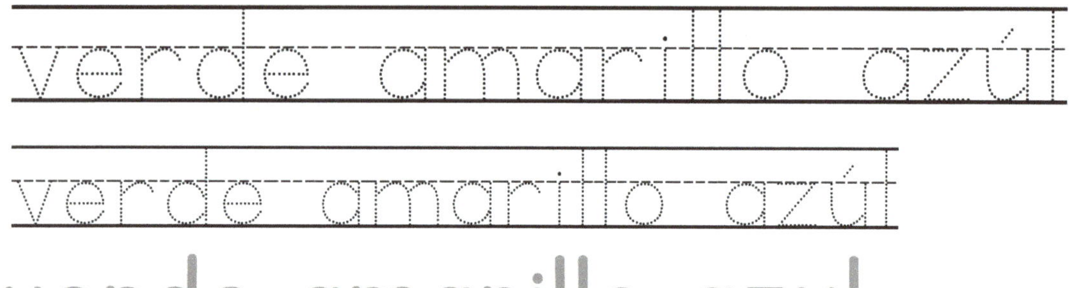

verde amarillo azul

⭐ Dibuja hierba color verde, un cielo azul y un sol amarillo. / Draw green grass, a blue sky and a yellow sun.

Los colores/ Colors.

naranja
(orange)

rosa
(pink)

rojo
(red)

 Traza las letras. Trace the letters.

naranja rosa rojo

naranja rosa rojo

naranja rosa rojo

Conecta la palabra del color al objeto correcto. /

Connect the color word with the right object.

rosa (pink)

naranja (orange)

rojo (red)

Los colores/ Colors.

negro
(black)

marrón
(brown)

blanco
(white)

⭐ Traza las letras. Trace the letters.

negro marrón blanco

negro marrón blanco

negro marrón blanco

⭐ Pinta el oso de color
marrón con una barriga negra./
Color the bear brown with
a black tummy.

Los números/ Numbers.

Los números/ Numbers.

1   uno (one)

2   dos (two)

3   tres (three)

4   cuatro (four)

5   cinco (five)

⭐ Cuenta los objetos y rodea el número correcto. /

Count the items and circle the correct number.

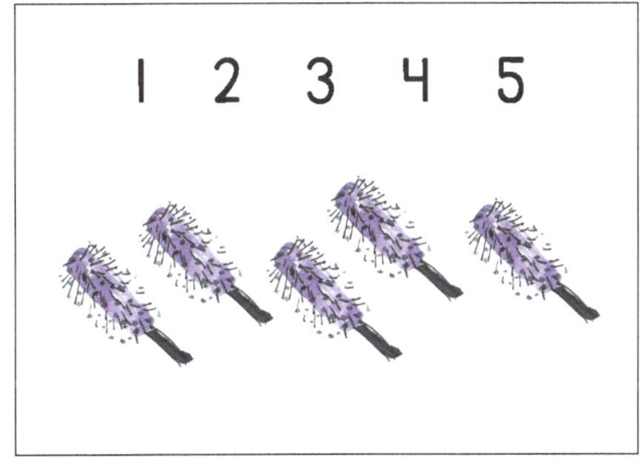

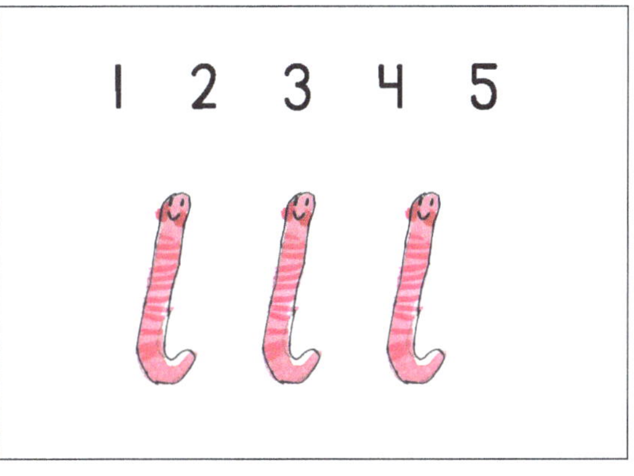

Los números/ Numbers.

6   seis (six)

7   siete (seven)

8   ocho (eight)

9   nueve (nine)

10   diez (ten)

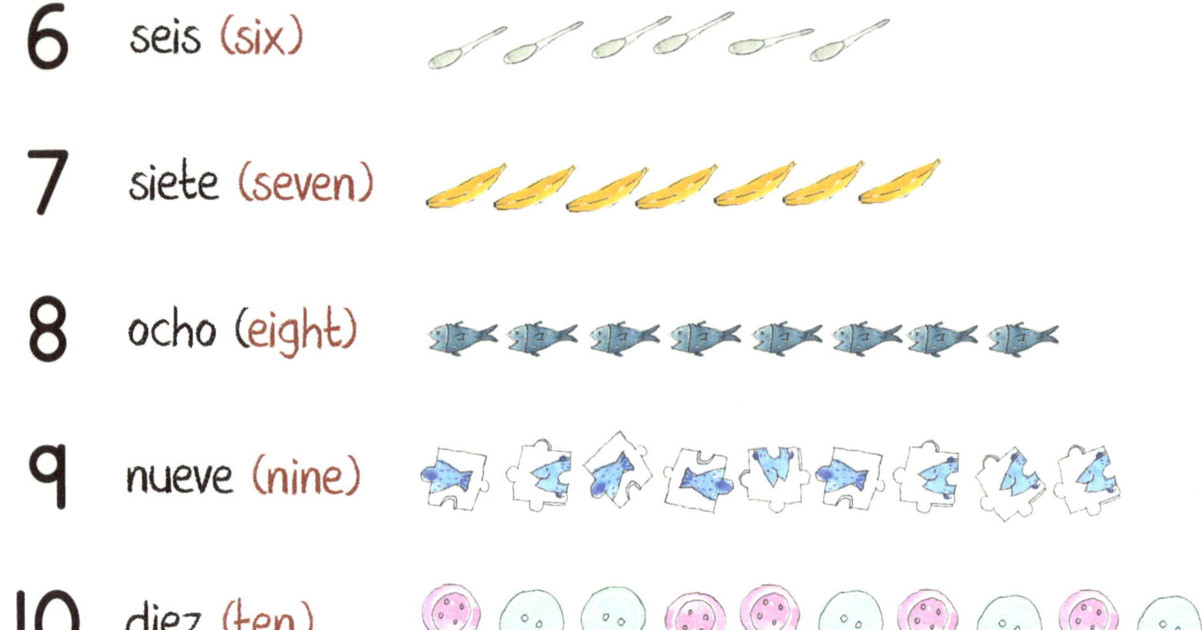

⭐ Traza los números. Trace the numbers.

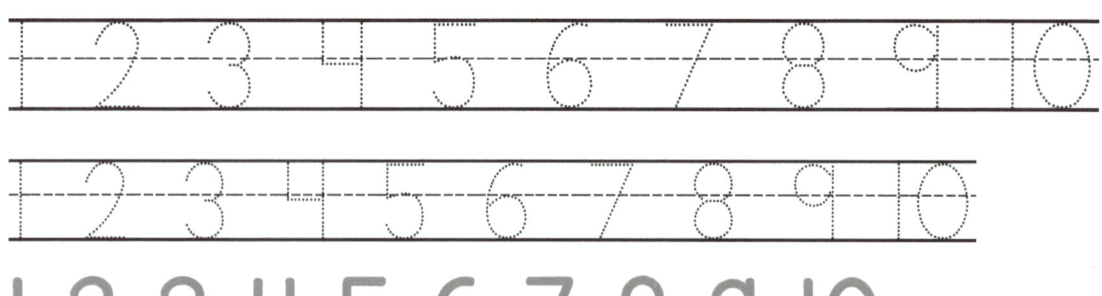

⭐ ¿Puedes contar del 1 al 10? ¿Y ahora del 10 al 1? Prueba en inglés... ¡y en español! Can you count from 1 to 10? And now backwards, from 10 to 1? Try in English... and in Spanish!

Los números/ Numbers.

 ¡Usa los números y colores para pintar la casa!/
Use the numbers and colors to color the house!

1 = Rojo/ Red	5 = Marrón/ Brown
2 = Azúl/ Blue	6 = Negro/ Black
3 = Verde/ Green	7 = Naranja/ Orange
4 = Amarillo/ Yellow	

Los números/ Numbers.

⭐ Conecta los puntos para descubrir los dibujos./ Connect the dots to reveal the pictures.

Los números/ Numbers.

⭐ Dibuja una línea desde el número al grupo correcto de objetos. / Draw a line from the number to the correct group of items.

1
2
3
4
6
7
10

💡 **DATO CURIOSO/ FUN FACT.**

¿Sabías que una estrella de mar tiene 5 brazos?

Did you know that a starfish has 5 arms?

El y la/ 'El' and 'la'.

En español, las cosas pueden ser masculino o femenino./ In Spanish, things can be masculine or feminine.

MASCULINO/ MASCULINE	FEMENINO/ FEMININE
'EL'	'LA'

el niño/ (the boy)

la niña (the girl)

el perro (the dog)

la nube (the cloud)

el arcoíris (the rainbow)

la abeja (the bee)

El y la/ 'El' and 'la'.

 ¿El o la? Rodea la palabra correcta./
'El' or 'la?. Circle the correct word.

 el / la hoja (leaf)

 el / la estrella (star)

 el / la juguete (toy)

 el / la silla (chair)

¿Qué es esto? Escribe el nombre
en el espacio y pinta el dibujo./ What
is this? Write the name in the gap
and color the drawing.

la ________ (the flower)

En casa/ At home.

En casa/ At home.

la casa
(house)

la mesa
(table)

la silla
(chair)

la cama
(bed)

⭐ Ahora, ¡dibuja tu casa! /
Now, draw your house!

En la escuela/ At school.

En la escuela/ At school.

la escuela
(school)

el profesor/ la profesora
(teacher)

el lápiz
(pencil)

el libro
(book)

la mochila
(backpack)

⭐ Mira alrededor tuyo. ¿Cuáles de estas cosas puedes ver ahora? Márcalas. / Look around you. Which of these things can you see now? Tick them.

- ☐ un(a) profesor(a)/ a teacher
- ☐ una mochila/ a backpack
- ☐ un libro/ a book
- ☐ un lápiz/ a pencil

Los animales/ Animals.

Los animales/ Animals.

el pájaro
(bird)

el perro
(dog)

el gato
(cat)

el pez
(fish)

 Traza las letras./ Trace the letters.

el pájaro el perro el gato

el pájaro el perro el gato

el pájaro el perro el gato

💡 **DATO CURIOSO / FUN FACT.**

¿Sabías que las mariposas prueban el sabor con las patas?

Did you know that butterflies taste with their feet?

Los animales/ Animals.

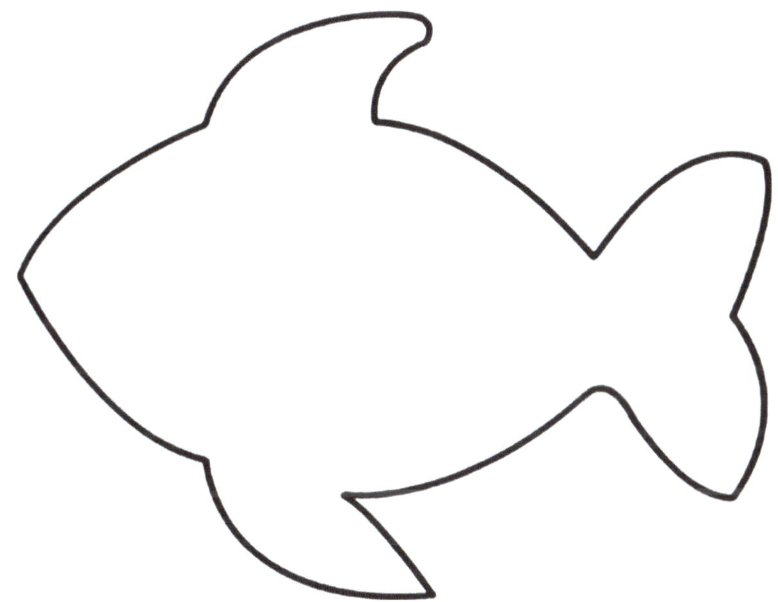

¿Qué colores has usado?/ What colors did you use?

amarillo	verde	azul	rojo	rosa	naranja
(yellow)	(green)	(blue)	(red)	(pink)	(orange)

Los animales/ Animals.

 Escribe los nombres de las cosas en los espacios./

Write the names of the things in the spaces.

.... (Spanish)

cat .... (English)

pájaro .... (Spanish)

.... (English)

.... (Spanish)

house .... (English)

Busca y cuenta los gatos y los pájaros./

Find and count the cats and the birds

.... gatos (cats)

.... birds (pájaros)

Los animales/ Animals.

Animales de granja/ Farm animals.

el cerdo
(pig)

la vaca
(cow)

la oveja
(sheep)

 **DATO CURIOSO / FUN FACT.**

¡Los cerdos son muy inteligentes y pueden aprender sus nombres! /

Pigs are very smart and can learn their name!

 Traza las letras./ Trace the letters.

el cerdo la vaca la oveja

el cerdo la vaca la oveja

el cerdo la vaca la oveja

¿Cómo estás?/ How are you?

⭐ Prueba de preguntar a alguien: ¿Cómo estás? /

Try asking someone: How are you?

⭐ Traza las letras./ Trace the letters.

¿Cómo estás? Estoy bien.

Saludar/ Saying Hello.

¿Cómo te llamas?/ What's your name?

Hello! What's your name?

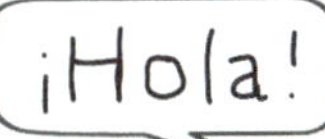

Hello!   My name is María.

 Traza las letras. Trace the letters.

Hola! ¿Cómo te llamas?

Hola! ¿Cómo te llamas?

¡Hola! ¿Cómo te llamas?

 Traza las letras. Trace the letters.

Me llamo Maria.

Me llamo Maria.

Me llamo Maria.

¿Como te llamas tú? / What's your name?

Me llamo/ My name is ....

¡Ahora practica! Pregunta a 3 personas cómo se llaman, y les dices cómo te llamas tú./ Now practice! Ask 3 people what their name is, and tell them your name.

Las emociones/ feelings.

¿Cómo estás?/ How are you?

Estoy.../ I am...

feliz
(happy)

enojado/a
(angry)

triste
(sad)

cansado/a
(tired)

preocupado/a
(worried)

⭐ Traza las letras./ Trace the letters.

feliz triste enojado

feliz triste enojado

feliz triste enojado

Las emociones/ feelings.

⭐ ¿Cómo se siente? Conecta el niño o la niña con la emoción./ How do they feel? Draw a line between the child and the feeling.

⭐ Dibuja una cara para la emoción./ Draw a face for the feeling.

Estoy enojado.

(I'm angry.)

Estoy triste.

(I'm sad.)

Estoy feliz.

(I'm happy.)

La familia/ Family.

⭐ Traza las palabras./ Trace the words.

el abuelo el papá el hermano

la abuela la mamá la hermana

el abuelo el papá el hermano

Los amigos/ Friends.

el amigo/ friend (boy)

la amiga/ friend (girl)

las amigas/ friends (girls)

los amigos/ friends
(boys/ boys and girls)

⭐ Traza las letras./ Trace the letters.

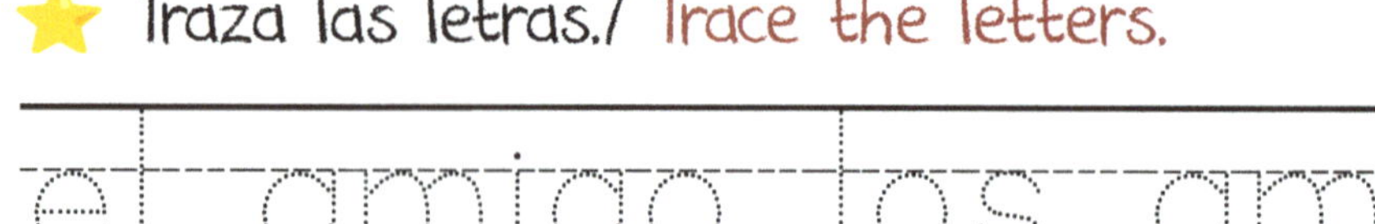

el amigo los amigos

💡 **DATO CURIOSO / FUN FACT.**

En español, la gente tiene dos apellidos: uno de mamá y otro de papá./

In Spanish, people have two last names: one from mom and one from dad.

⭐ ¿Quién es? Escribe el número al lado de la palabra correcta./ Who is it? Write the number next to the correct word.

.... amiga/ friend (girl)

3. hermano/ brother

.... abuela/ grandmother

.... mamá/ mom

.... amigo/ friend (boy)

.... hermana/ sister

La familia y los amigos/ Family and Friends.

 Dibuja dos personas especiales para ti. /

Draw two of your special people.

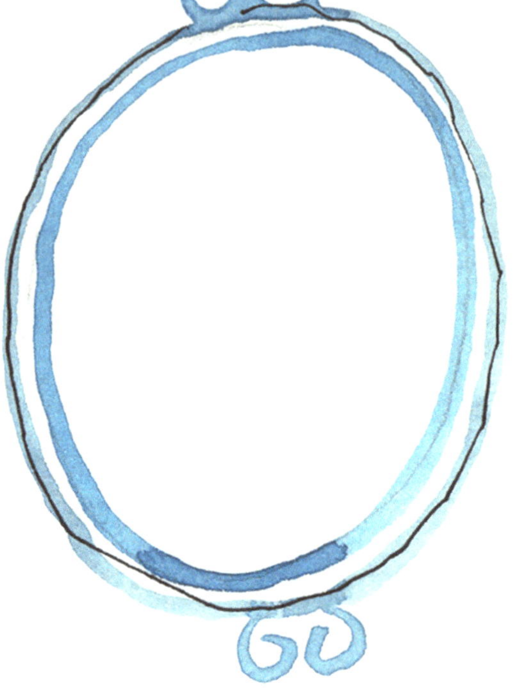

Nombre: ....

(Name)

Es mi ....

(He/She is my)

Nombre: ....

(Name)

Es mi ....

(He/She is my)

abuelo (grandfather)   abuela (grandmother)   papá (dad)

mamá (mom)   hermano (brother)   hermana (sister)

amigo (friend – boy)   amiga (friend – girl)

Más práctica/ More Practice.

⭐ ¿Cómo estás tú? Dibuja una cara y escribe la emoción./ How are you? Draw a face and write a feeling.

Estoy...................
I'm...................

Estoy...................
I'm...................

Estoy...................
I'm...................

Estoy enojada
(I'm angry – girl)

Estoy preocupado
(I'm sad – boy)

Estoy feliz
(I'm happy)

Estoy enojado
(I'm angry – boy)

Estoy triste
(I'm sad)

Estoy preocupada
(I'm sad – girl)

Más práctica/ More Practice.

⭐ Une las palabras en inglés y español./
Match the words in English and Spanish.

abuela	two
marrón	yellow
hoja	brown
vaca	leaf
cansado	table
dos	cow
amarillo	tired
mesa	grandmother

2

⭐ ¡Busca las palabras!/ Find the words!

feliz / happy　　gato / cat　　perro / dog

rojo / red　cinco / five

j	r	f	s	f	k	e	g	d	d
u	w	e	y	y	f	d	a	q	j
f	e	d	d	k	e	q	t	p	c
h	a	p	p	y	l	k	o	e	i
s	h	w	c	o	i	m	l	r	n
p	v	q	a	s	z	r	n	r	c
i	l	u	t	i	p	n	o	o	o
k	n	d	u	v	t	e	b	j	p

From Our Family To Yours.

Thank you for sharing this book.

We hope you had fun learning Spanish together, one little word at a time.

If you enjoyed it, we'd be so grateful if you shared it with someone or left a quick review.

It helps other families find the book, and it helps our small, family-run publishing team keep going.

With care,
The Wooden House Books family

Say hello to the Wooden House Books team.

Gentle books that help children learn and grow.

Catherine · Author

Catherine grew up in Wales and now lives in Barcelona with her family and two cats. She's a writer and translator from Spanish and Catalan into English, and she loves writing children's books. She has also taught English to children.

Hiruni · Illustrator

Hiruni is from Ambalangoda, Sri Lanka. She studied Fashion Design at the University of Moratuwa and now illustrates full-time. She creates warm, playful children's book art using pencil and watercolour.

Jenny · Educational Psychologist

Jenny is a chartered educational psychologist in the UK. She supports children, families, and schools with practical tools for learning, wellbeing, and calmer days. She works with Brighter Futures and runs HappySleepers, helping children sleep well.

Also in the collection:

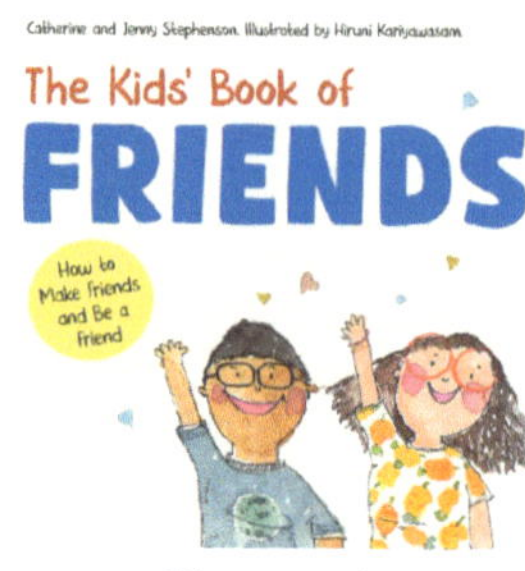

Friends

Ages 3-7

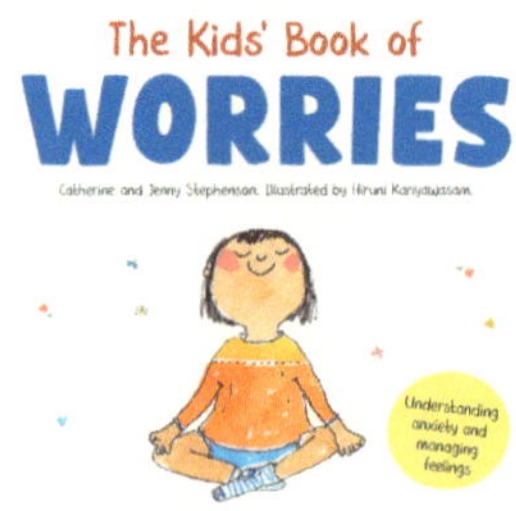

Worries

Ages 4-9

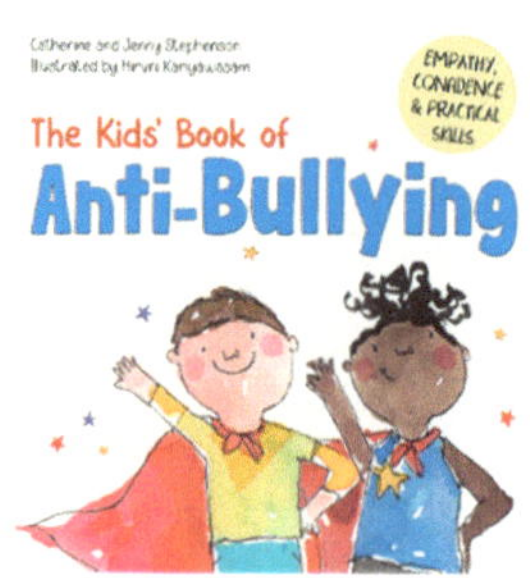

Bullying

Ages 4-8

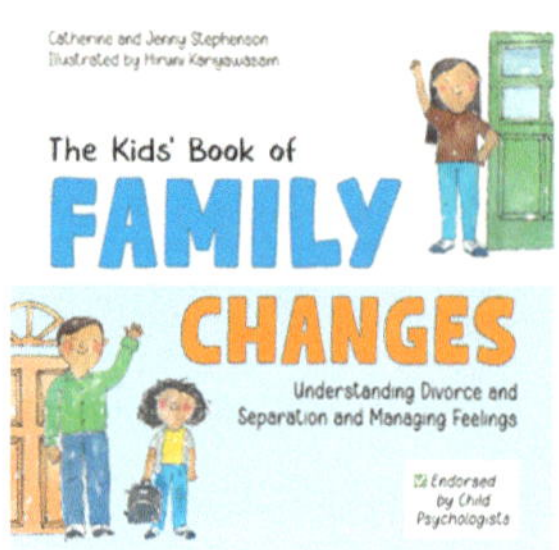

Family changes

Ages 6-10

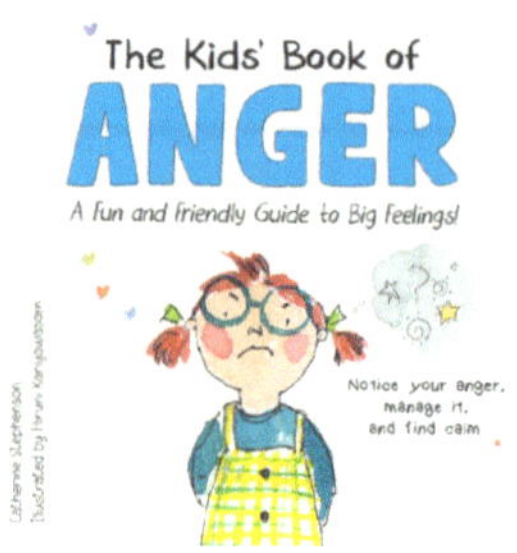

Anger

Ages 4-8

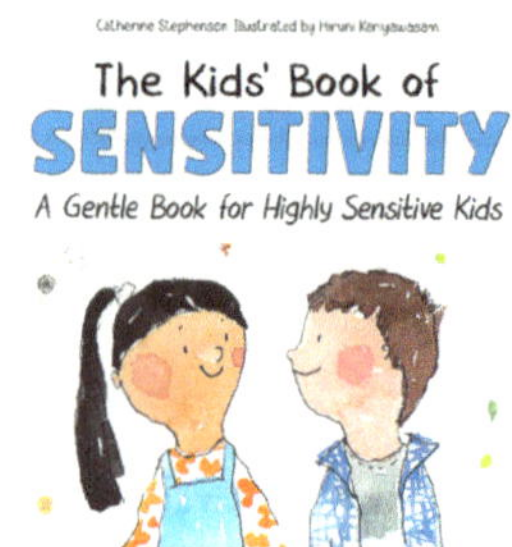

Sensitivity

Ages 4-10

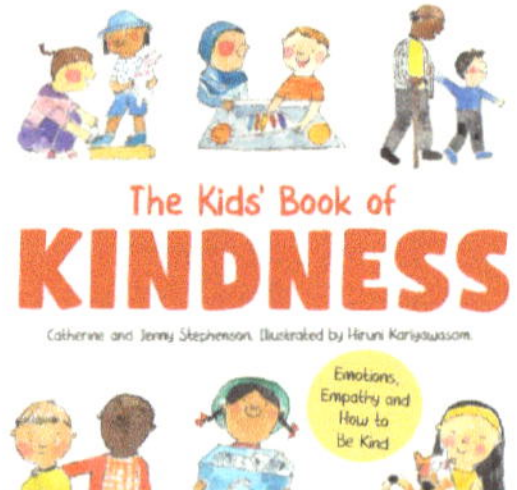

Kindness

Ages 3-8

Emotions

Ages 4-9

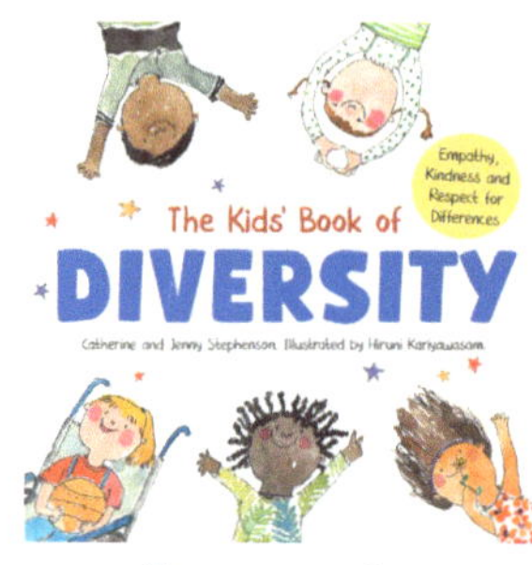

Diversity

Ages 3-8